Sommario

ABSTRACT 3

PRESENTAZIONE 4
    Introduzsione..5
    La piattaforma Moodle...9
    Il sito Education@AQ...15

L'AMBIENTE 18
    Wiki..19
    L'ambiente lato docente 21
    L'ambiente lato studente 29
    Gestione degli errori..40

ASPETTI IMPLEMENTATIVI..45
    Il modulo Compile and Report...46
    Statistiche utente 49
    Storico...51
    Intelligenza artificiale 53
    Analisi statica..57
    La sicurezza...65

SVILUPPI FUTURI 67

    Agente intelligente 68

CASI DI STUDIO 70

    Preparazione Olimpiadi Italiane di Informatica 71

    Laboratorio di programmazione 2 74

BIBLIOGRAFIA 78

ABSTRACT

Gli studenti che muovono i primi passi nel mondo della programmazione hanno bisogno di trovare esempi risolti, confrontare le loro soluzioni con problemi noti e capire gli errori che vengono restituiti dal compilatore.

Si è pensato quindi di creare un wiki per il codice sorgente e fornire agli studenti una piattaforma, che permetta loro di scrivere codice in modo collaborativo, integrata con una tecnologia in grado di compilare il codice sorgente scritto in differenti linguaggi di programmazione, interpretare gli errori restituiti dal compilatore e mostrarli, attraverso un tutor virtuale, nella loro lingua nazionale utilizzando il linguaggio naturale della vita di tutti i giorni.

Nello specifico il tutor descritto ha la funzione di aiutare gli studenti a comprendere gli errori, capire dove sono stati commessi e come risolverli.

PRESENTAZIONE

INTRODUZIONE

Nell'era di internet, spesso i giovani hanno una considerevole esperienza con le tecnologie dell'informazione e della comunicazione (ICTs), ma tutti hanno una particolare familiarità con le tecnologie "intelligenti" e "facili da usare" come smartphones, dispositivi di intrattenimento (come ad esempio consolle di gioco e home theater), web browsers, ecc... ma le capacità dei nativi digitali (espressione applicata ad una persona che è cresciuta con le tecnologie digitali[11]) sono spesso circoscritte alla sola abilità di interagire con questi devices attraverso un'interfaccia grafica, e l'utilizzo di tools più sofisticati con interfacce non studiate per essere user friendly risultano essere di gran lunga più difficili di quello che sono realmente. Di fatti l'elevata padronanza nell'utilizzo dei dispositivi digitali è accompagnata da una totale ignoranza riguardo tutto quello che c'è dietro. In sintesi la totalità delle persone conosce le procedure di utilizzo, ma i meccanismi di funzionamento restano un enigma[7].

Per come è stata descritta sinora, la tecnologia non sembra aver portato alcun vantaggio alla nostra vita dal punto di vista dell'apprendimento, ma non è assolutamente così, infatti l'avvento di internet negli ultimi anni ha dato l'opportunità di creare una rete sociale di relazioni (composta proprio attraverso i devices sopra descritti) e di fornire strumenti supplementari che talvolta sono risultati essere una vera e propria alternativa alla didattica tradizionale e frontale[8].

Sulla base di quanto appena descritto, si è realizzato un sistema di e-learning dedito all'apprendimento della programmazione che sfrutta i benefici didattici dati dall'interazione fra gli studenti all'interno di una community online[14].

I programmatori alle prime armi, e talvolta anche quelli con esperienza, tendono a cercare molti esempi già pronti. Questa va considerata come un'abitudine positiva, infatti l'apprendimento attraverso gli esempi può essere considerata un'ottima strategia per prendere padronanza con le basi della programmazione. Inoltre anche ad un livello base, la principale difficoltà non è quella di comprendere i concetti sui quali la programmazione è basata (per esempio: variabili, espressioni, istruzione, ecc...) ma piuttosto quella di acquisire l'abilità di usare e combinare semplici concetti e costrutti per unirli insieme e creare un programma funzionante.

Internet è piena di esempi e basterebbe una semplice ricerca per trovarne in abbondanza, ma il problema principale di questo approccio è che spesso i programmi trovati sono di bassa qualità (purtroppo non è raro trovare anche programmi, non funzionanti) o sono troppo complicati per le proprie capacità.

All'interno del sistema realizzato è stato quindi previsto un repository di codici sorgenti per soddisfare questo bisogno e andare incontro ai programmatori alle prime armi, e al fine di controllare la qualità dei programmi sono stati implementati due meccanismi:

- utilizzo di compilatori per controllare la correttezza ed altre proprietà dei programmi sottoposti al repository;
- scrittura, sviluppo e manutenzione dei programmi in modalità collaborativa.

Essendo il sistema basato sulla collaborazione e sull'interazione, uno dei punti chiave per il successo di questo approccio è riuscire a motivare gli studenti a prender parte a questa community collaborativa per creare ed estendere la collezione dei programmi memorizzata nel sistema[14].

Uno degli ostacoli principali si viene a creare con gli studenti, soprattutto quelli alle prime armi, che possono aver paura di presentare le propri soluzioni a causa della difficoltà nel capire il grado di qualità della propria soluzione, soprattutto in presenza di errori. Questo è causato dalla mancanza di dimestichezza nell'utilizzo dei compilatori che restituiscono una serie di errori, non sempre esplicativi, contenuti nel proprio programma. Per affrontare questo problema si può sfruttare il tutor implementato nel sistema, che fornisce una guida in linguaggio naturale e aiuta gli studenti nella correzione degli errori. Solitamente i compilatori, attraverso il riconoscimento degli errori, mostrano dei messaggi piuttosto brevi usando una terminologia estremamente tecnica (difficilmente comprensibile ai programmatori novizi) e praticamente in nessun caso forniscono indicazioni su come correggere gli errori. Non dimentichiamo inoltre che la quasi totalità dei compilatori restituisce un output esclusivamente in lingua inglese che crea una difficoltà aggiuntiva agli studenti che non hanno dimestichezza con tale lingua.

Il sistema quindi, da un lato offre un supporto sostanziale allo studente durante la fase di sviluppo e di correzione degli errori, dall'altro gli mette a disposizione un repository di codice sorgente in continua espansione che può diventare il centro di un ricco spazio di apprendimento online.

LA PIATTAFORMA MOODLE

Per consentire la scrittura collaborativa di codice, come già illustrato in precedenza, è stato deciso di basare il sistema su un wiki, e in attesa di future integrazioni con altre risorse di e-learning e per fornire al docente altri validi strumenti di utilizzo quotidiano durante un corso didattico, il sistema è stato incorporato in un Learning Contents Management System (LCMS). Stiamo parlando di Moodle, una piattaforma che permette l'erogazione dei corsi in modalità e-learning, progettato per aiutare i docenti a creare e gestire corsi online con la possibilità di interazione con gli studenti.

L'e-learning è nato come un'opportunità ma ora si sta sempre più sentendo la necessità di coinvolgere gli studenti in questo ambiente, e di fatti Moodle, uno tra i più famosi Learning Management System (LMS), ha visto passare i propri siti attivi dai circa 1000 agli inizi del 2004 agli oltre 66000 alla fine del 2011, continuando la propria corsa con una media di 2000 nuove attivazioni al mese[15].

L'esempio di Moodle non è stato preso a caso, infatti il nostro lavoro è nato all'interno di questo CMS per una serie di motivi, tra cui i due principali sono la sua diffusione globale (in modo da rendere anche la diffusione del nostro tool più semplice), e la sua interfaccia oramai nota ad oltre 58 milioni di utenti[16] (in modo da far lavorare gli studenti in un ambiente già noto evitando l'impatto iniziale).

La parola Moodle è un acronimo per Modular Object-Oriented Dynamic Learning Enviroment (Ambiente di Apprendimento Dinamico Modulare e Orientato ad Oggetti), ma può anche essere considerato come il verbo inglese "to moodle" che descrive un modo di fare le cose passivamente, così come vengono, questo verbo rappresenta un modo pigro di fare le cose che però porta spesso all'intuizione e alla creatività.

Il progetto Moodle è nato nel lontano 1999 e il suo sviluppo, che continua tutt'oggi, ha portato questa piattaforma ad un grande successo che è testimoniato anche dalle statistiche di utilizzo. L'immagine successiva riporta la locazione dei siti web che utilizzano Moodle, come possiamo vedere gli Stati Uniti e l'Europa sono quelli con il maggior numero, ma data la traduzione in ben 82 lingue Moodle è presente in 218 stati differenti[15].

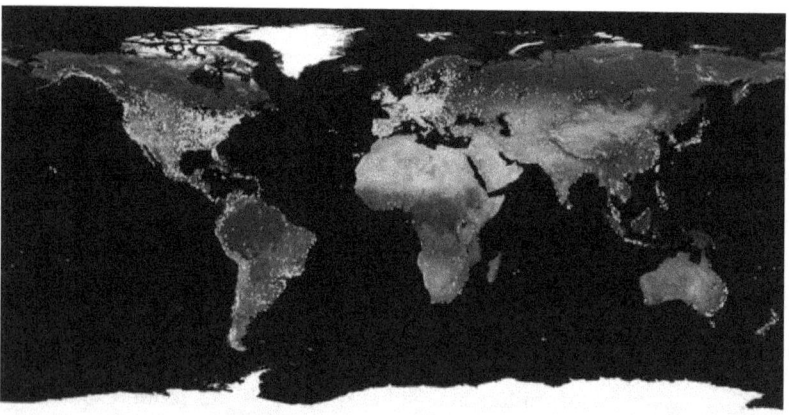

Il maggior numero di siti web che utilizzano Moodle si trova negli Stati Uniti dove ne abbiamo ben 11.626, l'Italia si trova "solo" al decimo posto con 1.585. Ma i numeri del successo di Moodle riguardano sopratutto le statistiche di utilizzo, infatti viene globalmente usato da 58.035.878 di utenti che hanno a disposizione 6.065.756 di corsi attivi che sono gestiti da ben 1.280.951 di docenti[16].

Per cercare di quantificare e renderci conto dell'ascesa di Moodle, nella seguente tabella sono riportate le statistiche in mio possesso acquisite nel 2010 durante un predente lavoro con Moodle e i dati odierni, che evidenziano in percentuale la crescita avvenuta in 2 anni[16].

	2010	2012	Differenza %
Lingue tradotte	82	75	- 9%
Utilizzo in nazioni	211	218	+ 3%
Siti attivi	49.203	66.295	+ 35%
Siti attivi USA	8.777	11.626	+ 33%
Siti attivi Italia	1.167	1.585	+ 36%
Utenti globali	34.895.606	58.035.878	+ 66%
Corsi attivi globali	3.558.891	6.065.756	+ 70%
Docenti globali	1.259.821	1.280.951	+ 2%

Come possiamo vedere dalla tabella si è avuta una lieve flessione nel numero di lingue tradotte causato dall'avanzamento alla versione 2.0 e dal conseguente mancato aggiornamento di alcune lingue minori non più supportate, ma la traduzione in 75 lingue riesce a coprire la quasi totalità della popolazione mondiale e di fatti ben 7 nuove nazioni hanno iniziato ad utilizzare la piattaforma.

Per quando riguarda le altre statistiche, come si può ben vedere, si è avuta un'esplosione nell'utilizzo di Moodle, con un aumento del 35% dei siti attivi (l'Italia addirittura registra il 36%, andando oltre la media mondiale), del 66% per quanto riguarda gli utenti globali (arrivando a quota 58 milioni, quasi quanto la popolazione italiana) e addirittura del 70% per quanto riguarda i corsi attivi. Sono cifre spaventose che non hanno bisogno di ulteriori commenti.

Le funzionalità di base di Moodle si dividono sostanzialmente in due tipi: le risorse e le attività. Le risorse sono dei contenuti in svariati formati come ad esempio slide, documenti di testo, presentazioni ecc... inseribili tramite url o mediante un comodo editor che ne permette la creazione in maniera semplice online.

Moodle contiene anche una grande varietà di attività che possono essere utilizzate per integrare servizi in ogni tipo di corso. La lista delle attività presenti di default è la seguente:

- **Chat:** permette ai partecipanti di avere una discussione in tempo reale attraverso il web;

- **Compito:** dà la possibilità all'insegnante di assegnare agli studenti un lavoro da svolgere e che successivamente consegneranno caricandolo sul server del corso;

- **Forum:** può essere considerata l'attività più importante e permette di offrire ai partecipanti un luogo di discussione mediante un'interfaccia asincrona per la comunicazione;

- **Glossario:** permette la creazione e la gestione di un dizionario dove è possibile inserire per ogni termine una lista di definizioni;

- **Lezione:** consente al docente di creare delle lezioni, divise in più pagine, al termine delle quali è anche possibile sottoporre agli studenti delle domande su quanto appena letto;

- **Wiki:** permette di creare una collezione di pagine ipertestuali che possono essere aggiornate dai suoi utilizzatori e i cui contenuti sono sviluppati in modalità collaborativa da tutti coloro che vi hanno accesso;

- **Quiz:** permette all'insegnante di realizzare dei quiz con diverse modalità (a scelta multipla, con risposta vero-falso, con brevi risposte e altri tipi di domande) e di valutarne automaticamente le risposte date;

- **Scelta:** può essere considerata l'attività più semplice. Il docente pone una una domanda e propone una scelta fra varie risposte. Può essere utilizzato anche come un veloce sondaggio;

- **Scorm:** permette la creazione di learning object rispettando le specifiche dello standard Scorm 2004 (versione 1.3);

- **Sondaggio:** offre al docente un certo numero di strumenti per raccogliere dagli studenti quelle informazioni che lo aiuteranno ad offrire una didattica migliore;

- **Lavoro di gruppo:** è un'attività di valutazione reciproca che permette ai partecipanti di valutare i propri lavori con diverse modalità.

Questa descrizione minimale delle caratteristiche di Moodle ci permette di capire quanto sia realmente potente ed utile questa piattaforma, ma allo stesso tempo ci fa notare la mancanza di un modulo specializzato per il campo informatico[13].

Per un corso che tratti un qualsiasi linguaggio di programmazione è molto importante avere uno strumento di supporto alla compilazione, quindi il nostro lavoro può essere visto non solo come un semplice tool utilizzato in un ambito circoscritto, ma potrebbe diventare un plugin di terze parti di Moodle.

IL SITO EDUCATION@AQ

Il sistema realizzato è stato sin da subito messo in funzione sul sito Education@AQ, un portale del nostro ateneo nato con lo scopo di fornire una piattaforma di e-learning ad un corso speciale di preparazione, gestito da alcuni docenti dell'Università dell'Aquila, in collaborazione con docenti della Scuola Media Superiore per gli Allenamenti Abruzzesi delle Olimpiadi di Informatica (AAOII).

Si è quindi deciso di integrare il sistema all'interno di questo portale sia in previsione di un suo futuro utilizzo anche all'interno del corso di preparazione alle olimpiadi di informatica, sia perché uno dei principali casi di studi (che saranno analizzati in seguito) riguarda proprio il corso di Laboratorio di programmazione 2 erogato dal nostro corso di laurea.

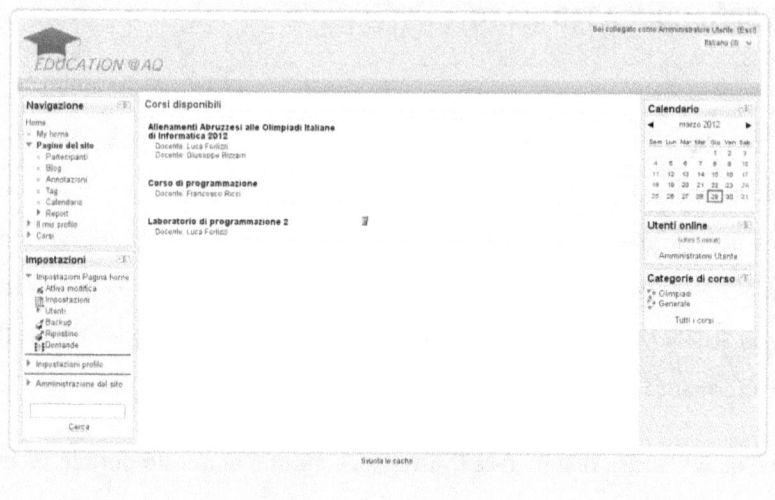

Figura 1: Homepage del portale Education@AQ

All'apertura il sito Education@AQ si presenta come mostrato in Fig. 1 con una grafica molto essenziale, per alcuni versi anche spartana, che si concentra sui contenuti e sulla navigabilità utente.

Il sito realizzato mediante un layout a 3 colonne presenta sulla sinistra il menu di navigazione, nella parte centrale i corsi disponibili e sulla destra alcuni widget utili all'utente. Una volta effettuato il login si verrà reindirizzati ad una pagina web contenente la lista dei corsi ai quali si è iscritti nel caso in cui il login sia riconducibile ad uno studente, oppure alla lista dei corsi gestiti nel caso di un docente. Qualora non si abbiano delle credenziali di accesso è possibile registrare un account ed attendere l'approvazione di uno degli amministratori per poter fruire del materiale didattico presente.

L'idea alla base di Education@AQ è quella di creare una piattaforma di e-learning, specifica per l'informatica, che metta risorse e tools specializzati a disposizione sia degli studenti che seguono il corso di preparazione alle olimpiadi di informatica, sia degli studenti del nostro corso di laurea.

L'AMBIENTE

Wiki

Il sistema si basa su due componenti principali: un repository centrale che gestisce tutti i contenuti e ne permette la fruizione agli studenti (il classico e-learning system) e il tutor virtuale rappresentato da un tool integrato nel sistema (l'innovazione proposta) che dà un valore aggiunto allo studente che utilizza il sistema[13].

Il repository centrale è implementato mediante un sistema wiki che permette di condividere, scambiare e immagazzinare codice sorgente in una modalità totalmente collaborativa. Per ogni utente (registrato o anonimo) è quindi possibile:

- aggiungere contenuti;
- modificare contenuti;
- cancellare contenuti;
- consultare lo storico delle versioni di un singolo contenuto;
- visualizzare le differenze tra due o più versioni di un singolo contenuto;
- ripristinare una versione precedente di un singolo contenuto.

Leggendo le specifiche, si nota che queste sono le caratteristiche base di un qualsiasi wiki, quindi viste le potenzialità di Moodle, ed essendo il suo codice open source, si è deciso di estendere il suo modulo wiki standard trasformandolo da un semplice sistema collaborativo di documenti ipertestuali ad uno in grado di gestire qualsiasi tipo di codice sorgente, migliorandone anche l'interfaccia utente sia di fruizione che di modifica.

Tutti gli utenti nel sistema vengono considerati allo stesso livello (tranne ovviamente il docente che ha accesso a delle funzionalità aggiuntive), non esiste quindi un'approvazione preventiva delle aggiunte, delle modifiche e delle cancellazioni alle varie pagine. Questa modalità permette una rapida crescita del codice presente nel repository, ma rende necessario uno storico che consenta di ripristinare vecchie versioni delle pagine in caso di errori o di vandalismo. Inoltre l'implementazione di questa feature permette agli studenti di confrontare più versioni di un codice sorgente in modo tale da evidenziare come è avvenuta la correzione degli errori o come il programma è stato migliorato.

Lo storico inoltre tiene salvati in memoria tutti gli output riportati dal compilatore per ogni singola compilazione così da tenere traccia di quelli che erano gli errori e poter eseguire un'analisi ed un bug fixing più veloci.

L'AMBIENTE LATO DOCENTE

Il docente all'interno del proprio corso può inserire più istanze del modulo wiki così da poter offrire agli studenti modalità didattiche alternative.

Nell'esempio specifico mostrato di seguito (Fig. 2), vediamo che nell'ambito del corso di Laboratorio di Programmazione 2, il docente ha fornito ai propri studenti ben 4 wiki differenti, ognuno con una finalità diversa:

- Codice fornito a lezione: contenente per l'appunto gli esempi didattici che vengono mostrati durante le lezioni del corso. Il wiki in oggetto è in sola lettura ed esclusivamente il docente può inserire/modificare le pagine. La finalità è quella di creare un repository centrale dove collocare tutto il codice che può essere utile agli studenti del corso per il loro studio;

- Problemi da risolvere: contenente una serie di problemi didattici inseriti volutamente incompleti dal docente, che dovranno essere portati a termine in modo collaborativo dagli studenti del corso;

- Homework: che contiene una serie di problemi didattici per i quali gli studenti, sempre in modo collaborativo dovranno fornire una soluzione. A differenza del wiki precedente in questo caso non vi è alcuna versione di partenza e questo crea un workload aggiuntivo per gli studenti che dovranno pensare ad una soluzione partendo esclusivamente dal testo del problema;

- <u>Soluzioni per Torero:</u> dove a partire da un problema didattico assegnato, per l'appunto il problema "Torero" delle Olimpiadi Italiane di Informatica, ogni studente può inviare la propria versione, che potrà essere successivamente corretta dal docente. Si può prevedere anche una modalità di lavoro in gruppo ma a differenza del wiki precedentemente illustrato non è prevista la programmazione collaborativa in quanto lo scopo principale è quello di tenere in considerazione le effettive capacità del singolo studente.

Le quattro modalità appena presentate hanno il solo scopo di mostrare l'elevata versatilità di questo wiki alternativo, ed ovviamente non rappresentano le uniche modalità di applicazione. Ogni docente, analizzando i propri studenti e fissando il "taglio" che vuole dare al proprio corso, può utilizzare questo strumento nel modo che ritiene più appropriato.

Figura 2: Esempio di applicazione di diversi wiki in una pagina del corso di Laboratorio di Programmazione 2

Passando al lato più tecnico in Fig. 3 viene mostrata la modalità di aggiunta di un wiki.

Vista da un docente, a primo impatto la pagina del corso può sembrare che non abbia nulla in più rispetto a quella vista da uno studente, ma cliccando sulla voce "Attiva modifica corso" si passerà alla modalità interattiva da dove sarà possibile eliminare, modificare e aggiungere risorse o attività.

Nel caso in cui il docente voglia aggiungere alla propria pagina del corso un nuovo wiki non dovrà far altro che cliccare su "Aggiungi un'attività" e scegliere "Wiki" dal menù a tendina.

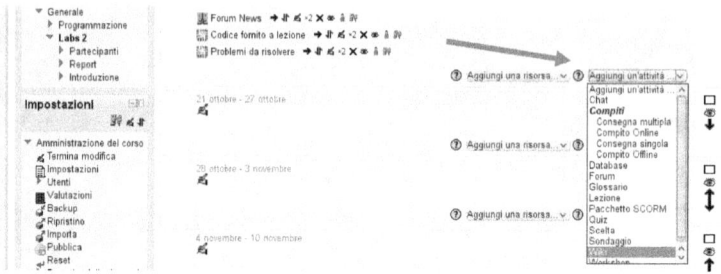

Figura 3: Aggiunta di un'istanza wiki in un corso

A questo punto si verrà indirizzati sulla pagina di creazione del wiki (Fig. 4), dalla quale è possibile inserire una serie di informazioni base come titolo, descrizione e nome della pagina iniziale, ed altre informazioni avanzate come ad esempio la scelta fra wiki collaborativo e wiki individuale.

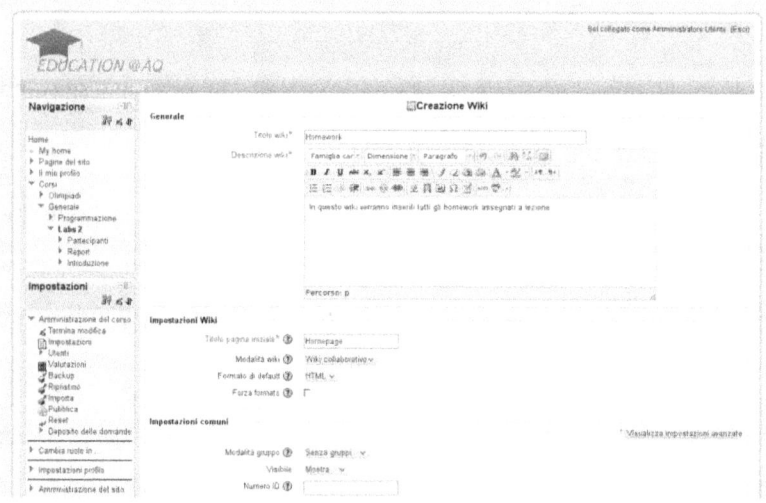

Figura 4: Pagina di creazione del wiki

In Fig. 5 è mostrata la pagina iniziale di un wiki che, a differenza delle altre, non contiene codice C, C++ o Pascal ma permette la scrittura in HTML per dare la possibilità al docente di inserire una presentazione del wiki o fornire delle linee guida come mostrato in figura.

Figura 5: Pagina iniziale di un wiki

Nel blocco centrale del sito, è presente una barra che rappresenta il menu principale del wiki tramite il quale è possibile accedere alle sue voci principali:

- Visualizza: consente la visione della pagina in oggetto;

- Modifica: apre l'editor per la modifica della pagina;

- Commenti: permette di accedere al sistema di discussione legato alla pagina;

- Storico: permette di accedere allo storico della pagina tramite il quale è possibile visionare le vecchie versioni della pagine e di effettuare un confronto tra di esse;

- Mappa: mostra una lista delle pagine contenute nel wiki raggruppate in modalità alfabetica;

- File: consente di prelevare ed effettuare l'upload di file legati al wiki;

- Amministrazione: permette la manutenzione del wiki attraverso l'eliminazione di pagine o di versioni di esse.

Questa è sola una descrizione di massima delle funzionalità alle quali si può accedere tramite il menu. Tutti questi aspetti verranno analizzati dettagliatamente in seguito nel capitolo dedicato all'ambiente lato studente.

Proseguendo nell'analisi delle funzionalità dell'amministrazione del wiki da parte del docente, la pagina più importante è sicuramente quella delle autorizzazioni utente, mostrata in Fig. 6, che ci consente di avere un'elevata personalizzazione.

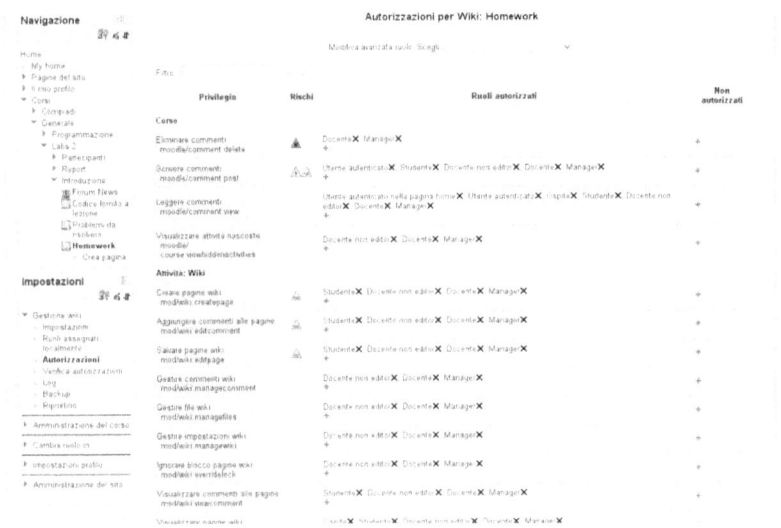

Figura 6: Autorizzazioni utente per un singolo wiki

Tali autorizzazioni (in Fig. 6 sono mostrate quelle di default) sono personalizzabili distintamente per ogni wiki, e quindi come già precedentemente accennato, ci consentono di adattarlo totalmente alle nostre esigenze, decidendo per ogni categoria o gruppo di utenti quali azioni consentire e quali negare. Possiamo in questo modo avere un classico wiki editabile indistintamente da qualsiasi utente, un wiki gestito dal docente nel quale gli studenti possono solo fruire dei contenuti, ecc...

I permessi modificabili per ottenere la configurazione che ci necessita sono i seguenti:

- Creare le pagine;

- Visualizzare le pagine;
- Editare le pagine;
- Ignorare il blocco alle pagine;
- Aggiungere commenti alle pagine;
- Visualizzare i commenti delle pagine;
- Gestire i commenti delle pagine;
- Gestire files del wiki;
- Modificare le impostazioni del wiki.

La colonna "Rischi" presente nella tabella ci mette in allerta riguardo alcuni potenziali pericoli (perdita dei dati, spam e privacy) a cui si può andare incontro non prestando la dovuta attenzione alla concessione dei permessi ai gruppi di utenti.

L'AMBIENTE LATO STUDENTE

Prendiamo a questo punto in considerazione l'ambiente dal punto di vista dello studente, analizzando tutti gli strumenti che sono a sua disposizione, senza però scendere nei dettagli tecnici che verranno approfonditi nei capitoli successivi.

Figura 7: Menu di una generica pagina wiki

Nel menu (Fig. 7), partendo da sinistra verso destra e cliccando su "Modifica", è possibile accedere all'editor del sistema che ci permette la modifica della pagina selezionata come riportato in Fig. 8.

Figura 8: Editor di una pagina wiki

Al momento l'editor è composto da una semplice textarea nella quale è possibile inserire il codice sorgente, ma è già in programma nelle prossime versioni di migliorare questa funzionalità integrando un editor più avanzato che permetta l'highlighting del codice sorgente così da aumentare la user experience.

Cliccando su "Salva" come ben si può immaginare, la versione modificata viene salvata e va a sostituire quella attuale nella scheda "Visualizza". Dietro le quinte in realtà non avviene una vera e propria sostituzione, bensì un salvataggio di una nuova versione della stessa pagina. Questi aspetti verranno approfonditi nel capitolo dedicato alla funzionalità dello storico.

Accedendo alla sezione "Commenti" (Fig. 9), sempre tramite l'apposito menu, è possibile visionare i commenti inseriti dagli utenti del wiki per la pagina selezionata.

Figura 9: Sezione commenti relativa ad una pagina wiki

Questa sezione ha lo scopo di consentire delle discussioni e degli scambi di idee al riguardo di tutte quelle che possono essere le correzioni o i miglioramenti al codice sorgente in esame. Nell'esempio riportato in Fig. 9 possiamo leggere lo scambio di messaggi tra due studenti che convengono su una correzione da effettuare sul codice sorgente in quanto è stata rilevata una porzione di codice con un controllo ridondante. Il sistema di commenti quindi, come possiamo vedere, oltre ad essere un'area di discussione, può essere anche un valido supporto per tenere traccia delle motivazioni che hanno spinto uno studente a modificare il codice sorgente inserito precedentemente da un suo collega, oppure per evidenziare la correzione di un errore.

Per quanto riguarda lo "Storico", a cui verrà dedicato successivamente un intero capitolo per l'aspetto tecnico, come possiamo vedere in Fig. 10 è composto da una lista di tutte quelle che sono le varie versioni modificate dagli utenti, sin dalla creazione della pagina, con tanto di numero di versione, nome dell'utente che ha effettuato la modifica e data/orario di modifica.

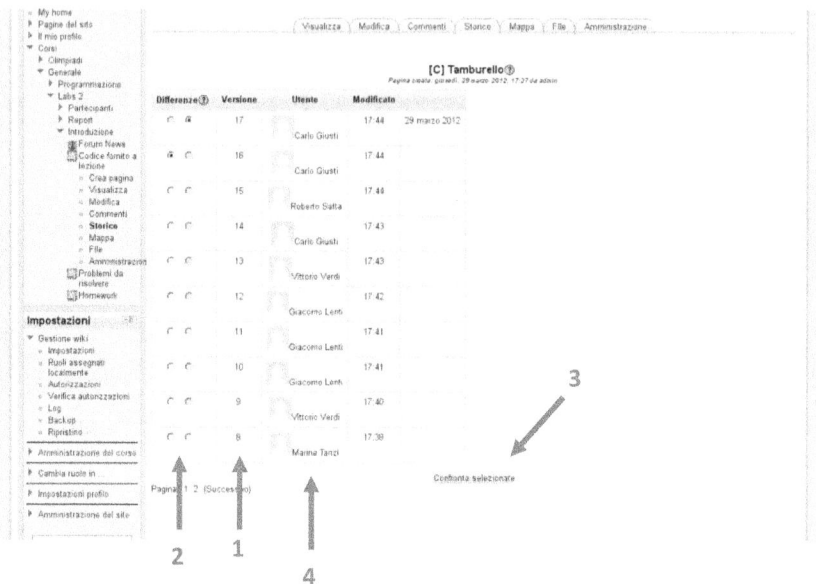

Figura 10: Storico di una pagina wiki

Da questa pagina è possibile eseguire tre operazioni molto importanti:

- Consultare una vecchia versione: cliccando sul numero di versione desiderato (1);

- Confrontare due versioni differenti: selezionando le versioni desiderate (2) e cliccando in basso su "Confronta selezionate" (3);

- <u>Consultare le statistiche utente:</u> cliccando sul nome dell'utente desiderato (4).

Cliccando sul numero di versione è possibile accedere al dettaglio dello storico (Fig. 11) e consultare la vecchia versione. In questa pagina, oltre al listato del codice sorgente, sono mostrate allo studente anche una serie di informazioni aggiuntive, tra cui le più importanti sono gli eventuali errori che erano presenti in quella versione del codice sorgente. La scelta di mantenere in memoria anche queste informazioni è data dal fatto che riteniamo molto importante sia mostrare all'utente cosa era sbagliato in una data versione, e quindi implicitamente anche come è stato risolto un dato errore, sia come avvertimento della consultazione di una versione non funzionante o comunque non ottima.

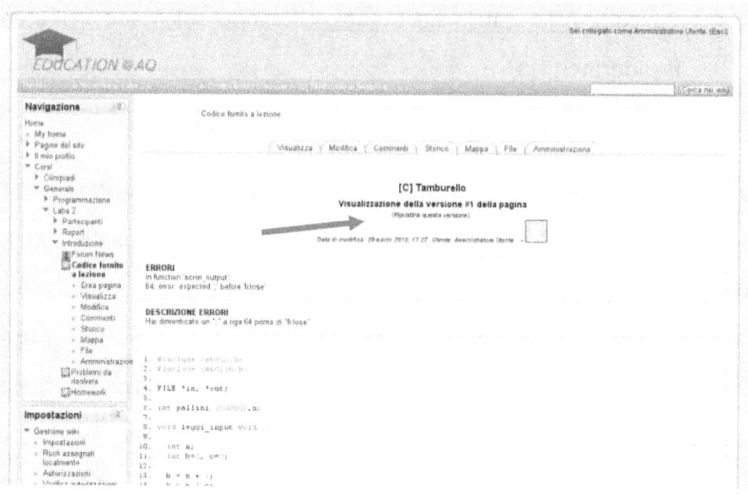

Figura 11: Dettaglio di una vecchia versione nello storico

Oltre la semplice consultazione, sempre attraverso questa pagina è possibile ripristinare una versione precedente cliccando su "Ripristina questa versione". In questo modo è possibile sia effettuare un rollback, nel caso in cui un codice sorgente sia finito in un vicolo cieco, sia recuperare una versione funzionante successivamente ad un danneggiamento involontario o ad un atto di vandalismo.

Dalla pagina principale dello storico, è possibile inoltre selezionare due versioni di nostro interesse e confrontarle tra di loro, come mostrato in Fig. 12.

Figura 12: Confronto fra due versioni

Nell'esempio è riportato il confronto fra due versioni, la 17 a sinistra e la 19 a destra, dove possiamo vedere le differenze tra le due colorate di rosso. Nello specifico nella versione 19 è stata inizializzata la variabile "n" (stringa verde nel listato a destra) e sono state eliminate due istruzioni (stringhe gialle nel listato a sinistra). Questo approccio ci permette di carpire le modifiche effettuate a colpo d'occhio e in un'unica finestra. Senza questa feature saremmo stati costretti a tenere aperte due finestre differenti e a cercare manualmente riga per riga le modifiche effettuate nel cambio di versione.

Da questa pagina è possibile inoltre visualizzare una singola versione facendo click su "Visualizza", in modo da visualizzare anche lo storico degli errori, oppure ripristinare una delle due versioni facendo semplicemente click su "Ripristina" nel rispettivo riquadro.

Ultima, ma non per importanza, è la pagina dedicata alle statistiche dell'utente (Fig. 13), alla quale si può accedere semplicemente cliccando sul nome dell'utente dalla pagina dello storico (Fig. 10).

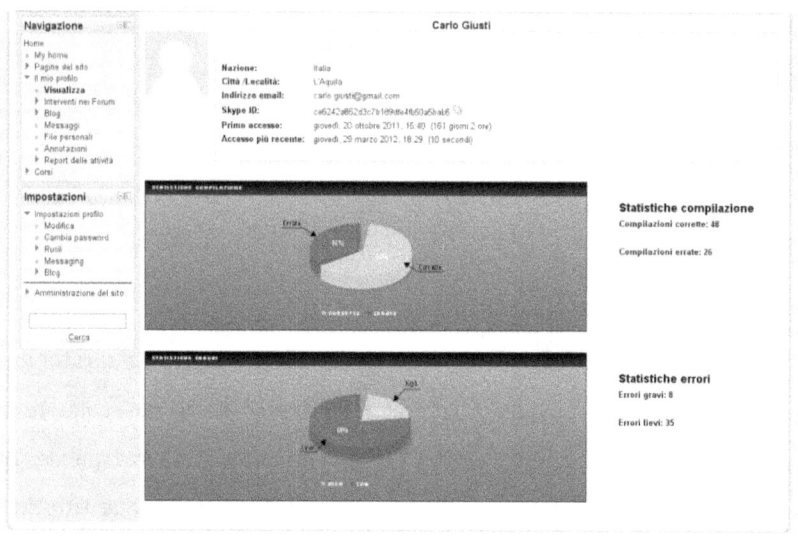

Figura 13: Statistiche utente

Nella pagina in esame, oltre alle solite informazioni di base come nome, email, accessi, ecc... relative allo studente, sono contenute anche le statiche delle compilazioni e degli errori commessi all'interno dei wiki. In dettaglio le statistiche di compilazione sono state divise tra compilazioni corrette e compilazioni errate, mentre gli errori sono stati divisi in due macro categorie: errori gravi ed errori lievi, a seconda della loro importanza.

Per rendere i dati più interessanti e più significativi, sono stati inseriti anche due grafici a torta che permettono all'utente stesso di verificare il proprio andamento, ed al docente di avere una visione del lavoro dei propri studenti presi singolarmente.

Unitamente alle statistiche delle compilazioni, sono state inserite nella pagina appena mostrata anche gli argomenti suggeriti allo studente per il ripasso. Siccome tale aspetto è molto importante, ed anche molto articolato visto che integra al suo interno un sistema di intelligenza artificiale, sarà mostrato in dettaglio nel capitolo riguardante gli aspetti implementativi nella sezione "Intelligenza Artificiale".

A questo punto sono rimaste due funzionalità da mostrare, per quanto concerne l'ambiente lato studente, che non riguardano una singola pagina, ma il wiki nella sua interezza.

Accedendo alla sezione "Mappa", come mostrato in Fig. 14, è possibile consultare la lista completa di tutte le pagine contenute in un determinato wiki. Questa funzionalità, anche se può risultare caotica in un wiki di grandi dimensioni, è uno strumento ideale per lo studio in quanto ci permette di consultare tutte le pagine, e quindi gli esempi, di un corso.

Figura 14: Mappa del wiki

Qualora si volesse effettuare una consultazione più mirata delle pagine è possibile utilizzare lo strumento di ricerca, come mostrato in Fig. 15 per il problema delle stringhe palindrome.

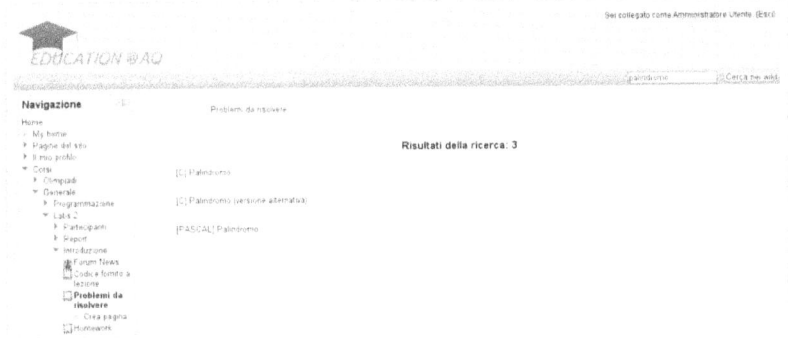

Figura 15: Esempio di ricerca per il problema delle stringhe palindrome

Come possiamo vedere dall'esempio riportato in Fig. 15, la ricerca da noi effettuata ha restituito ben tre risultati: una soluzione in linguaggio C, una soluzione alternativa sempre in linguaggio C e una in linguaggio Pascal. Come possiamo vedere quindi, ogni singolo wiki può gestire agevolmente più linguaggi di programmazione e contenere differenti soluzioni per lo stesso problema, sia implementati con linguaggi differenti che con lo stesso linguaggio.

GESTIONE DEGLI ERRORI

Sinora è stata fatta una panoramica del sistema, e di tutte le sue funzionalità, senza mostrare il reale core del sistema, ovvero il modulo di gestione degli errori. Come esempio mostriamo, in Fig. 16, il codice sorgente di Tamburello, un problema delle olimpiadi di informatica, affetto da un errore.

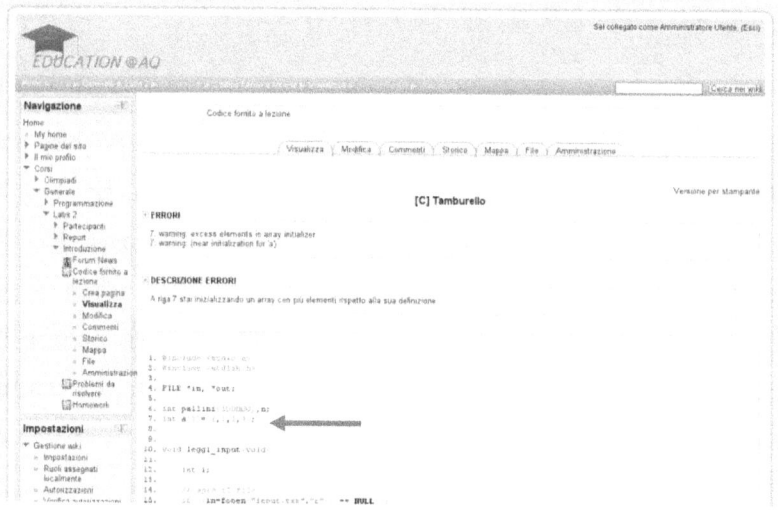

Figura 16: Errore in un problema del wiki

Una volta salvata la pagina, il sistema compila il codice sorgente, e qualora si accorga della presenza di un errore, ci avverte del problema restituendoci l'output originale del compilatore, come in questo caso:

```
7: warning: excess elements in array
initializer
7: warning: (near initialization for 'a')
```

Tale messaggio, sopratutto agli occhi di uno studente inesperto può risultare ostico, infatti durante l'apprendimento iniziale di un linguaggio di programmazione, o peggio della programmazione in generale, la difficoltà maggiore risiede nel capire dove si è sbagliato, qual è l'errore e come correggerlo. Il sistema viene proprio in aiuto di questa problematica, mediante una sorta di tutor virtuale che fornisce allo studente un output alternativo.

Il messaggio restituito all'utente dal tutor virtuale spiega più dettagliatamente e nella propria lingua l'errore, fornendo inoltre indicazioni su come correggerlo.

Nell'esempio in Fig. 16, quindi possiamo leggere come messaggio di errore alternativo:

```
A riga 7 stai inizializzando un array con più
elementi rispetto alla sua definizione
```

Tale messaggio risulta essere di gran lunga più comprensibile, e spiega allo studente che l'errore è stato commesso a riga 7 nella gestione di un array, in quanto la sua inizializzazione cozza con la sua definizione. A questo punto lo studente leggendo a riga 7 il codice scritto, ovvero

```
int a[3] = {1, 1, 1, 4};
```

avrà chiaro sin da subito l'errore, e potrà correggerlo senza dover interpretare l'output del compilatore, ma grazie alla spiegazione che gli è già stata fornita dal tutor virtuale.

Si è scelto di mostrare anche l'output base del compilatore per permettere allo studente di prendere pian piano familiarità anche con i compilatori, e di non rimanere quindi legato al sistema. Questo infatti deve essere solo uno strumento di sussidio all'apprendimento della programmazione, e nascondendo l'output del compilatore si sarebbe creata una grave lacuna nello studente che prima o poi inevitabilmente si sarebbe dovuto "scontrare" con i vari compilatori.

Per aumentare il bacino di utenza di questo sistema di e-learning, aprendolo anche ai programmatori avanzati, e non solo a quelli principianti, si è pensato di integrare all'interno del sistema un tool di analisi statica per il codice sorgente.

L'analisi statica permette di individuare, e segnalare, porzioni di codice ad alta probabilità di errore a runtime e problematiche nello stile di programmazione, in modo tale che successivamente il programmatore possa verificare la presenza di errori e modificare di conseguenza il proprio programma.

Nell'esempio in Fig. 17, abbiamo la seguente porzione di codice

```
int n;
int b=0, c=0;
```

```
b = n + 1;
b = n / c;
```

che risulta essere totalmente corretto dal punto di vista della compilazione, ed infatti supera con successo tale fase, ma leggendo il codice sorgente, possiamo notare che nella terza riga stiamo effettuando una somma con una variabile non inizializzata (che può quindi avere un valore arbitrario), e nella riga seguente stiamo addirittura eseguendo una divisione per 0.

Figura 17: Errore rivelato durante la compilazione statica

Un codice del genere genererebbe inevitabilmente un errore a runtime senza potercene in alcun modo accorgere durante la compilazione, se non individuando gli errori manualmente, ed è proprio in questo contesto che entra in gioco l'analisi statica. Il suddetto tool infatti restituisce gli errori

[14]: (error) Division by zero

[13]: (error) Uninitialized variable: n

che ci segnalano proprio i problemi di cui è affetto il codice sorgente che sono stati elencati in precedenza, permettendone la correzione.

Anche questi aspetti della compilazione e dell'analisi statica sono stati sinora mostrati solo graficamente dal punto di vista dello studente e verranno analizzati dettagliatamente in seguito nel capitolo dedicato agli aspetti implementativi.

ASPETTI IMPLEMENTATIVI

IL MODULO COMPILE AND REPORT

Dopo aver descritto, e mostrato, il funzionamento ad alto livello del sistema possiamo scendere nei dettagli implementativi del modulo centrale.

Successivamente alla creazione o alla modifica di una pagina nel sistema, a differenza di un normale sistema wiki che salverebbe semplicemente la nuova pagina nel database, entra in gioco il modulo compile and report, che in accordo con il linguaggio di programmazione legato alla pagina, estrae il codice sorgente e lo sottopone al compilatore appropriato.

Nel caso in cui la compilazione vada a buon fine non vengono eseguite ulteriori operazioni, a parte il controllo di analisi statica che vedremo in seguito, altrimenti i messaggi di errori riportati dal compilatore verranno sottoposti al tutor virtuale.

La finalità del tutor virtuale, in questo passaggio, è quella di interpretare l'output del compilatore e di restituire allo studente una descrizione in linguaggio naturale degli errori commessi, dei problemi correlati, delle possibili soluzioni e degli argomenti correlati.

A questo punto però ci si trova davanti a due difficoltà:

- la necessità di conoscere tutti i possibili errori riconoscibili dal compilatore;

- la capacità di riconoscere individualmente gli errori in quanto il testo restituito dai vari compilatori non è standard.

Per quanto riguarda la prima difficoltà, l'unica soluzione è un'enumerazione totale di tutti i possibili casi. Questa soluzione, per quanto onerosa, è alla base di ogni parser, e non ci sono soluzioni alternative in quanto non è possibile utilizzare un'euristica o un'approssimazione.

Per la seconda difficoltà invece il punto di forza è proprio nella similarità dei vari output restituiti, nei quali è possibile riconoscere gli errori attraverso una serie di espressioni regolari, una per ognuno di essi. Cercando i matching degli errori all'interno dell'ouput del compilatore è possibile inoltre selezionare il numero di riga e riconoscere gli elementi coinvolti, informazioni molto utili per indicare l'origine dell'errore.

Per chiarire il concetto mostriamo il seguente esempio in linguaggio C.

```
void main()
{
int a[];
a[0] = 5;
}
```

L'output restituito dal compilatore gcc è il seguente:

```
7: error: array size missing in 'a'
```

Questo è un classico errore di dichiarazione di un array senza aver specificato la dimensione di quest'ultimo. Quindi sarebbe sufficiente trovare un match con "error: array size missing" per riconoscere l'errore, ma all'inizio e alla fine della riga ci sono delle informazioni molto importanti da poter indicare allo studente: il numero di riga e l'array che ha causato l'errore.

Per ottenere il risultato migliore, come già detto in precedenza, è stato deciso di utilizzare delle espressioni regolari e la seguente è quella corrispondente a questa classe di errori:

```
#([0-9]*): error: array size missing in '([A-Za-z0-9_]*)'#i
```

Come possiamo vedere, l'espressione regolare ci permettere di eseguire il match e di selezionare il numero di riga e la variabile oggetto dell'errore.

A questo punto il tutor virtuale può restituire allo studente un messaggio del tipo "A riga 7 hai dichiarato l'array 'a' senza dimensione. Ogni array deve avere una dimensione intera positiva specifica tra le parentesi quadre." che gli fa capire dove ha commesso l'errore e come può risolverlo in modo esaustivo. Contestualmente al messaggio può essere consigliato allo studente del materiale didattico concernente la dichiarazione e l'utilizzo degli array in modo da fornirgli dei validi strumenti per colmare le sue eventuali lacune al riguardo.

STATISTICHE UTENTE

In un sistema di e-learning oltre agli strumenti di apprendimento è importante avere anche strumenti di valutazione che permettano sia agli studenti di tenere traccia dei loro progressi, sia di dare un feedback al professore circa l'andamento del singolo e del gruppo.

Per questo il sistema è corredato di un tracking delle operazioni in modo da immagazzinare statistiche circa le compilazioni degli studenti e gli errori commessi che sono stati raggruppati in due macrocategorie: errori banali o di distrazione (low errors) ed errori gravi o concettuali (high errors). Per il nostro caso di applicazione sono state scelte queste due particolari macro categorie, ma il sistema può avere un numero arbitrario di macro categorie.

Ad ogni compilazione viene inserito un record nel database contente l'id della pagina, l'id dell'utente e il numero degli eventuali errori differenziati per tipologia.

Una tabella strutturata in questo modo ci consente, intersecando i dati, di generare una moltitudine di statistiche come le seguenti:

- % di compilazioni errate per studente;
- % di errori per studente raggruppati per tipologia;
- % di compilazioni errate per programma;
- % di errori per programma raggruppati per tipologia;

- % di compilazioni errate per corso;
- % di errori per corso raggruppati per tipologia;
- lista degli studenti che commettono maggiormente errori;
- lista degli studenti che commettono maggiormente errori raggruppati per tipologia;
- lista delle pagine in cui vengono commessi maggiormente errori;
- lista delle pagine in cui vengono commessi maggiormente errori raggruppati per tipologia;

Tali dati possono essere utilizzati per fini statistici, ad esempio è possibile effettuare confronti fra studenti e gruppi lavoro, o ripassi mirati degli argomenti oggetto di maggiori errori.

STORICO

Dal punto di vista implementativo lo storico è stato gestito mediante tre differenti tabelle: la prima contenente la lista delle singole pagine del wiki, la seconda contenente tutte le varie versioni di ogni singola pagina wiki, e la terza tabella contente gli eventuali errori legati alle singole versioni.

Questa struttura ci permette di gestire un ambiente di sviluppo non distruttivo, infatti le nuove modifiche apportate non vanno in alcun modo a sovrascrivere le vecchie, e in qualsiasi momento si ha la possibilità di accedere ad una singola versione del passato, consultando anche gli errori che vi erano stati commessi, o di confrontare due versioni qualsiasi per mettere in risalto le modifiche apportate.

È molto importante che lo studente abbia a disposizione dei tools per analizzare i propri progressi e i propri errori, in quanto questo lo aiuta a migliorare la propria autocritica, l'abilità di auto valutarsi e aumenta lo studio successivo alle ore frontali in aula.

Gaston Bachelard sosteneva che l'errore è positivo, normale ed utile,[1] ed avalla la sua teoria sostenendo che l'errore non è un ostacolo alla conoscenza, anzi può essere visto come una prospettiva alla sua stessa correzione. Detto questo, lo studente può ricevere molti benefici dall'utilizzo di un sistema che gli permetta di navigare nello storico di un dato codice sorgente per analizzare dove l'errore è stato commesso, dove si è propagato e come è stato corretto mettendo a confronto versioni successive.

Un altro motivo molto importante che spinge a fornire allo studente dei dati storici è il riutilizzo del codice sorgente.

Mentre si programma infatti, ci si trova spesso davanti a errori, o problemi, che sono già stati affrontanti in precedenza, ma per i quali non si conosce la soluzione in quanto è stata dimenticata oppure perché era stata fornita da una terza persona.

Lo storico può essere quindi sfruttato come un repository di codice di soluzioni pronte all'uso, spiegate in dettaglio e validate sia da correttori automatici forniti dal sistema, sia dal vaglio degli altri utenti del sistema.

INTELLIGENZA ARTIFICIALE

Per quanto visto sinora, l'azione del tutor virtuale potrebbe sembrare limitata alla sola interpretazione e spiegazione degli errori commessi durante la programmazione, invece all'interno della piattaforma sono stati integrati degli elementi di intelligenza artificiale per dare un aiuto al docente e per assistere lo studente nel processo di auto correzione.

Questi elementi di intelligenza artificiale sono stati integrati nel core come sottosistemi indipendenti che, basandosi sui dati immagazzinati nel database riguardo gli storici delle varie pagine e delle statistiche di compilazione, hanno lo scopo di individuare per ogni studente appartenente al sistema una o più aree didattiche sulle quali concentrare lo studio.

Il tutor quindi, basandosi sulla cronologia del singolo studente è in grado di stabilire quali argomenti gli siano più ostici e di indirizzarlo verso uno studio mirato. Qualora una lacuna riguardi un intero gruppo, verrà notificato al docente al fine di un ripasso collettivo degli argomenti in questione.

Per capire meglio il funzionamento appena descritto e le sue finalità, è bene usare un esempio.

Immaginiamo che esaminando lo storico delle compilazioni, il tutor rilevi che 7 studenti su 10 abbiano commesso almeno un errore concernente la gestione dei puntatori, e a loro volta 2 di essi abbiano commesso questo tipo di errore con un'elevata frequenza, dovrà essere suggerito loro il ripasso di tale argomento.

Come secondo esempio possiamo immaginare che vi sia un'elevata percentuale di errore nell'implementazione o nell'utilizzo dell'algoritmo Insertion Sort da parte di una buona percentuale degli studenti. Questo problema dovrà essere notificato al docente, consigliando di rivedere l'argomento con l'intera classe.

Come si evince dagli esempi, questi elementi di intelligenza artificiale, non sono a solo beneficio degli studenti, ma aiutano anche il docente a selezionare gli argomenti più ostici per i quali sarebbe doveroso un ripasso teorico o implementativo.

Nella Fig. 18 in basso possiamo vedere il risultato fornito ad un docente dal sottosistema appena descritto, che gli consiglia, sulla base dell'analisi degli errori commessi dai propri studenti il ripasso delle differenze tra C89 e C99, e della gestione della memoria.

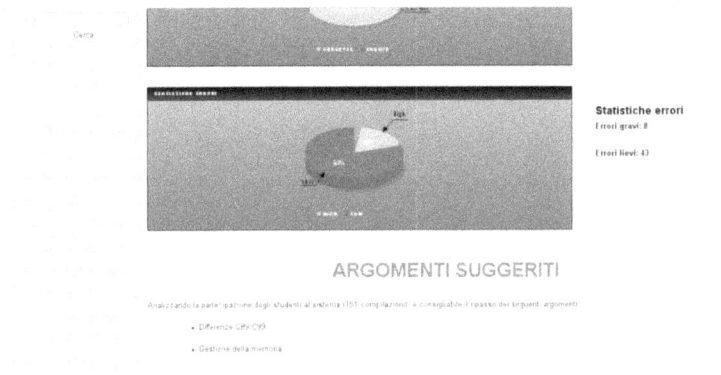

Figura 18: Argomenti suggeriti per il ripasso al docente

Per quanto riguarda gli argomenti suggeriti ad un docente, come possiamo intuire leggendo nell'immagine la frase "Analizzando la partecipazione degli studenti al sistema [...]", questi vengono decisi sulla base di una media fra tutti gli errori commessi dagli studenti, e riguardando quindi tutti quegli argomenti in cui gran parte di loro hanno delle lacune, tralasciando qualsiasi considerazione sul singolo.

I suggerimenti dati al singolo studente invece, riguardano esclusivamente la propria carriera, e per questo l'argomento consigliato non è detto che sia suggerito anche al docente per il ripasso in aula.

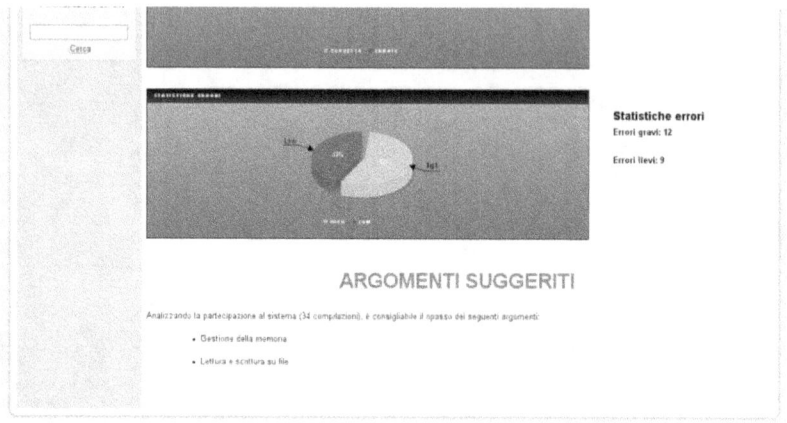

Figura 19: Argomenti suggeriti per il ripasso allo studente

In Fig. 19 viene mostrato un esempio degli argomenti suggeriti ad uno studente, a cui dopo aver valutato le sue 34 compilazioni, viene consigliato il ripasso della gestione della memoria e della lettura/scrittura su file.

La versione attuale del sistema ha implementato 7 moduli differenti di intelligenza artificiale per il riconoscimento e suggerimento dei seguenti argomenti per i linguaggi C/C++:

- Gestione degli array;
- Utilizzo delle funzioni di input/output;
- Tipi di dato;
- Dichiarazione ed utilizzo di funzioni;
- Differenze C89/C99;
- Gestione della memoria;
- Lettura e scrittura su file.

ANALISI STATICA

L'analisi statica è una fase molto importante dello sviluppo software, finora lasciata un po' in disparte, ma che negli ultimi anni sta tornando alla ribalta.

Attraverso questa analisi è possibile individuare porzioni di codice ad alta probabilità di errore a runtime e problematiche nello stile di programmazione, all'interno di programmi che risultano essere totalmente corretti dal punto di vista del compilatore[9]. Durante la fase di compilazione infatti vengono rilevati esclusivamente gli errori che pregiudicano il funzionamento del programma dal punto di vista formale, e talvolta viene segnalato qualche warning, senza tener conto di quella che sarà l'esecuzione successiva del programma.

La presenza di loop infiniti e l'errata dichiarazione di array e stringhe sono solo due dei classici esempi di errori che non vengono riconosciuti dai compilatori (anche i migliori sul mercato), ma che successivamente, durante la fase di esecuzione, causeranno sicuramente degli errori a runtime, di cui sarà difficile capirne l'origine.

L'analisi statica quindi, oltre a fornire un valido strumento a supporto dello studio da autodidatti da parte degli studenti, permette di aumentare il bacino di utenza di questo sistema di e-learning, aprendolo anche ai programmatori avanzati, e non solo a quelli principianti.

Per quanto riguarda l'integrazione di questo tool all'interno del sistema, abbiamo pensato di appoggiarci ad uno o più programmi già esistenti invece di scriverlo da zero, in quanto sarebbe sicuramente stato limitato vista la vastità del campo di applicazione. Per effettuare la scelta migliore sono stati testati una decina di tool differenti, sia open source che proprietari. Ognuno di essi era specializzato in un determinato ambito: vulnerabilità di sicurezza, gestione delle memoria, raggiungibilità del codice, ecc...

Dovendo scegliere un tool senza una particolare peculiarità, ma che scovasse il maggior numero di problemi possibili all'interno del codice, si è scelto come parametro di giudizio il coverage, ovvero il tool che effettuasse il maggior numero di controlli.

La scelta è quindi ricaduta su cppcheck, un analizzatore statico per i linguaggi C/C++, che è in grado di controllare anche codice non standard. Il progetto è open source ed è attivamente mantenuto dalle maggiori distribuzioni (essendo inoltre cross-platform). Cppcheck ha scovato bug validi in numeri progetti famosi come il kernel linux, MPlayer, Openoffice, Apache, 7-zip, ecc...[5]. Se ciò non bastasse il suo utilizzo è stato riscontrato all'interno del CERN per la verifica di codice nei dispositivi di rilevazione di particelle ad alta energia e nei sistemi software di controllo di radiotelescopi[10].

Di seguito sono riportati alcuni dei controlli che vengono eseguiti dal programma:

- Portabilità 64-bit

- o assegnazione indirizzi da/a int/long.

- Variabili automatiche
    - o ritorno di un puntatore ad una variabile temporanea o automatica;
    - o assegnazione dell'indirizzo di una variabile come effettivo parametro di una funzione;
    - o ritorno del riferimento ad una variabile locale o temporanea;
    - o indirizzo di ritorno di un parametro di una funzione.

- Utilizzo boost
    - o modifica del contenuto durante BOOST_FOREACH;
    - o controllo dei limiti;
    - o controllo dell'uscita dai limiti.

- Classi
    - o controlla se il costruttore è mancante;
    - o sono tutte le variabili inizializzate dal costruttore?
    - o warning se memset, memcpy, ecc… sono utilizzate in una classe;
    - o se è una classe base controlla se il distruttore è virtual;
    - o controlla presenza di funzioni private non utilizzate;
    - o 'operator=' dovrebbe ritornare un riferimento a se stesso;
    - o 'operator=' dovrebbe controllare eventuali assegnamenti a se stesso;
    - o 'operator=' should check for assignment to self;
    - o consistenza dei membri di funzione.

- Sicurezza eccezioni
    - o controllo sicurezza eccezioni;
    - o invocazione eccezioni nel distruttore;

- o invocazione eccezione durante uno stato invalido;
- o invocazione di una copia della cattura di un'eccezione invece della re invocazione dell'eccezione originale;
- o cattura di un'eccezione tramite valore invece che tramite riferimento.

- Assegnazioni e condizioni
    - o comparazioni e assegnamenti non congruenti => le comparazioni sono sempre true/false;
    - o comparazioni lhs e rhs non congruenti => le comparazioni sono sempre true/false;
    - o controllo dei matching nelle condizioni tra 'if' e 'else if'.

- Leaks di memoria (indirizzo non salvato)
    - o mancato salvataggio dell'indirizzo di memoria allocato.

- Leaks di memoria (variabili in classe)
    - o se il costruttore alloca memoria, il distruttore deve deallocarla.

- Leaks di memoria (variabili in funzioni)
    - o controlla se ci sono allocazioni di memoria rimanenti quando una funzione esce dal suo scope.

- Leaks di memoria (membri di strutture)
    - o controlla membri di strutture non deallocati.

- Funzioni non rientranti (37 funzioni differenti)

- Null pointers
    - o controllo deferenziazione puntatori nulli.

- Funzioni obsolete (31 funzioni differenti)

- Altri controlli
    - assegnazione valore booleano ad un puntatore;
    - errato utilizzo della funzione 'sprintf';
    - divisione per zero;
    - utilizzo dif flush() in uno stream di input;
    - oggetti distrutti immediatamente dopo la costruzione;
    - assegnamenti in una dichiarazione assert;
    - sizeof di un array data come argomento di una funzione;
    - sizeof di un numerico data come argomento di una funzione;
    - numero di argomenti errato per le funzioni 'substr' e 'strncmp';
    - utilizzo errato dell'output di uno stream. Ad esempio: std::cout << std::cout ;
    - invalid usage of output stream. For example: std::cout << std::cout;'
    - numero di argomenti errato per le funzioni 'printf' e 'scanf';
    - utilizzo doppio di free() o closedir();
    - cast C-style di puntatori in un programma c++;
    - if ridondanti;
    - utilizzo errato della funzione 'strtol';
    - divisione senza segno;
    - utilizzo pericoloso di 'scanf'
    - passaggio di parametric per valore;
    - istruzioni incomplete;
    - controllo sull'utilizzo di variabili signed char;
    - controllo dello scope limitato;
    - individuazione di condizioni sempre true o false;
    - aritmetica dei puntatori inusuale. Ad esempio: "abc" + 'd';
    - assegnamento ridondante in uno switch;

- utilizzo ridondante di strcpy in uno switch;
- individuazione di doppi sizeof;
- controlli di calcoli all'interno di sizeof();
- assegnazione di una variabile a se stessa;
- mutual esclusione su || valutato sempre true;
- chiarificazione di calcoli con parentesi;
- utilizzo di incrementi su variabili booleane;
- comparazione di booleani con non-zero integer;
- comprazione di espressioni booleane con interi diversi da 0 o 1;
- condizioni sospette (assegnamenti uniti a comparazioni);
- condizioni sospette (comparazioni a runtime del valore di stringhe);
- condizioni sospette (utilizzo del valore di stringhe come booleani);
- istruzioni break duplicate;
- codice non raggiungibile;
- controllo se una variabile senza segno è negativa;
- controllo se una variabile senza segno è positiva;
- utilizzo di booleani in un'espression bit a bit;
- utilizzo sospetto di ';' alla fine di istruzioni if/for/while;
- utilizzo non corretto di funzioni dalla libreria ctype;
- ottimizzazione: rilevazione di post incrementi/decrementi.

- Utilizzo STL
  - errori di uscita dai limiti;
  - abuso di iterazione durante lo scorrimento di un contenitore;
  - contenitori non corrispondenti alle chiamate;
  - deferenziazione di un iteratore cancellato;
  - utilizzo di puntatori per vettori dopo che push_back è stato utilizzato;

- ottimizzazione: utilizzo di empty() al posto di size() quando possibile;
- condizioni sospette nell'utilizzo di find;
- condizioni ridondanti;
- errori comuni nell'utilizzo di string::c_str();
- utilizzo di puntatori automatici (auto_ptr);
- chiamate inutili a funzioni di stringhe.

- Variabili non inizializzate

- Funzioni non utilizzate

- Variabili non utilizzate
    - variabili non utilizzate;
    - variabili allocate ma non utilizzate;
    - variabili non lette;
    - variabili non assegnate;
    - membri di strutture non utilizzati.

- Utilizzo di operatori postfissi
    - Ottimizzazione: controlla se è possibile utilizzare un operatore prefisso al posto di quello postfisso.

In tutte le aree appena elencate ci sono errori che sfuggono all'analisi dei normali compilatori durante la fase di compilazione , e vengono trovati quindi solo a runtime all'innesco dell'errore stesso.

Identificare la causa e l'origine di un errore a runtime è estremamente difficile in quanto nella quasi totalità dei casi il messaggio restituito non è esaustivo, e l'unico modo per risolvere l'errore è la tecnica white-box testing, nella quale si cerca di capirne la fonte tentando di innescarlo nuovamente e andando a ritroso nell'esecuzione del codice sorgente.

È quindi molto importante effettuare una sofisticata analisi del comportamento di ogni singola istruzione e dichiarazione all'interno del codice sorgente per tentare di trovare ogni possibile errore di programmazione, anche ipotetico, che potrebbe non essere riconosciuto dal compilatore ma che potrebbe successivamente causare errori a runtime.

LA SICUREZZA

Essendo la piattaforma installata su un server di Ateneo, si è dovuta dare particolare attenzione allo sviluppo in modalità safe mode del modulo per proteggere il sistema sia da errori di programmazione, sia da attività dolose o di vandalismo, sia per la salvaguardia dei sistemi informatici sui quali girerà il modulo da potenziali rischi e violazione dei dati.

Limitandosi alla compilazione ed all'analisi statica, evitando quindi l'esecuzione del programma corrispondente al codice sorgente inserito, i rischi di sicurezza sono ridotti al minimo. Nel caso in cui si fosse stata prevista anche l'esecuzione del codice sorgente, al fine di restituire un output agli studenti, sarebbe stato necessario limitare l'inclusione di alcune librerie e l'esecuzione di alcune funzioni ritenute potenzialmente dannose. Questo filtro si sarebbe dovuto implementare singolarmente per ognuno dei linguaggi di programmazione supportati dal sistema[12].

Ad esempio, per i linguaggi C/C++, le cui funzioni sono le medesime in quanto differiscono esclusivamente per l'implementazione, si sarebbe dovuta bloccare l'esecuzione di un programma che avesse al suo interno una chiamata alla funzione remove() che permette di eliminare un qualsiasi file all'interno del file system. Questo esempio riportato ci fa capire, senza ulteriori spiegazioni, quanto possa essere pericolosa l'esecuzione indistinta di un qualsiasi codice sorgente.

Nel nostro caso, durante la fase di testing del progetto, si è deciso di far girare il sistema su di una macchina virtuale in modo da eseguire il modulo su una sorta di sandbox e di limitare così la zona esposta ad eventuali problemi e bug del sistema.

Al termine della fase di testing, si è deciso di mantenere questa struttura di esecuzione anche durante la fase di sperimentazione didattica visti i buoni risultati sul piano della sicurezza dei dati.

Tale soluzione inoltre, molto probabilmente, diventerà permanente grazie ai benefici che porta non solo sul piano della sicurezza ma anche della fault tollerance.
Infatti qualora ci siano dei problemi, di qualunque tipo, che pregiudichino il funzionamento del sistema è possibile ripristinare la macchina virtuale ad uno stato precedente salvato in tempi molto rapidi (approssimativamente 2 minuti), senza la perdita dei dati che sono immagazzinati in un database esterno.

SVILUPPI FUTURI

AGENTE INTELLIGENTE

Uno sviluppo futuro messo in programma per il sistema è l'evoluzione del tutor virtuale in un agente intelligente.

Nella versione attuale del sistema, il tutor virtuale si limita ad aiutare lo studente nell'interpretazione degli errori cercando di fargli capire dove sono stati commessi e come risolverli, ed a suggerire gli argomenti per i quali sarebbe doveroso un ripasso.

Nella versione futura programmata, in presenza di errori di compilazione, l'agente intelligente dovrà suggerire la risoluzione degli stessi mostrando esempi di codice sorgente, o ancora meglio, cercando di correggere l'errore stesso.

Per quanto riguarda invece il supporto allo studio, dovrà essere in grado di fornire del materiale didattico appropriato agli studenti per metterli nelle condizioni di studiare in autonomia al fine di colmare le lacune o per migliorare le proprie soluzioni. In questo modo l'agente intelligente non sarà più un tutor generico, ma diventerà un tutor one-to-one sempre a disposizione dello studente.

Passando alla parte implementativa, esistono diversi approcci per realizzare un agente di intelligenza artificiale, ognuno con i propri pro e contro, e soprattutto con le proprie potenzialità, che vengono meglio espresse se l'approccio è compatibile con l'ambiente nel quale l'agente dovrà lavorare. Essendo la nostra finalità quella di mostrare suggerimenti basati su una consistente base di dati (lo storico e le statistiche), e non ad esempio sulle osservazioni nell'ambiente, l'approccio più adatto e più promettente è quello del knowledge-based reasoning[4].

In questo approccio, l'agente utilizza i dati conservati nel database come una base di conoscenza, sulla quale svolgere un meta-reasoning, restituendo le conclusioni tratte.

CASI DI STUDIO

PREPARAZIONE OLIMPIADI ITALIANE DI INFORMATICA

Le OII (Olimpiadi Italiani di Informatica)[6], ovvero la fase nazionale delle più famose IOI (International Olympiad in Informatics), sono state utilizzate come caso di studio per verificare l'efficienza di questo approccio all'e-learning applicato alla programmazione[17].

Per il nostro esperimento, il repository è stato costruito utilizzando una versione precedente del nostro sistema, che al posto delle pagine wiki, utilizzava un'espansione di un modulo Moodle realizzazione specificamente per questa finalità[2][12].

Il modulo appena descritto forniva delle capacità aggiuntive al LCMS:

- un sistema di controllo di revisione per i codici sorgente, che permette lo sviluppo collaborativo del programma;

- un sottosistema responsabile della compilazione e del reporting dei messaggi di errore;

- un ambiente di test in cui vengono eseguiti i programmi compilati con successo su set di istanze di ingresso create dal docente;

- strumenti per gestire e organizzare gruppi di lavoro adatti alle nostre esigenze.

È stato quindi deciso di sperimentare l'utilizzo di questo modulo in uno speciale corso di preparazione gestito da alcuni docenti dell'Università dell'Aquila in collaborazione con docenti della Scuola Media Superiore per gli Allenamenti Abruzzesi delle Olimpiadi di Informatica (AAOII).

L'obiettivo degli AAOII è quello di preparare adeguatamente alle fasi regionali e nazionali, gli studenti di diverse scuole superiori della Regione Abruzzo che hanno superato una prima fase di selezione su problemi logico-matematici ed informatici. Questa fase consiste in una gara in cui i partecipanti devono realizzare programmi scritti in un linguaggio di programmazione a scelta tra Pascal, C o C++ che risolvano problemi algoritmici simili a quelli delle Olimpiadi Nazionali ma di difficoltà inferiore.

Utilizzando il repository, contenente tutti I codici sorgenti mostrati in classe, e il modulo compile-and-report, è stato possibile estendere l'attività di insegnamento frontale al di fuori delle ore di lezione, permettendo agli studenti di esercitarsi da casa e verificare la correttezza dei loro programmi online.

L'ambiente di test ha permesso agli studenti di controllare a run-time la correttezza e l'efficienza dei loro programmi, testandoli su delle istanze di input create appositamente dai docenti al fine di coprire una vasta gamma di input, compresi i casi di grandi dimensioni e casi limite.

Gli studenti sono apparsi stimolati positivamente dalla disponibilità di un feedback rapido e preciso per il loro lavoro. Al termine del corso sono stati quindi invitati ad esprimere alcuni commenti scritti sulla loro esperienza di apprendimento per verificare il successo dell'iniziativa, l'efficienza complessiva del corso e soprattutto l'utilità della piattaforma e-learning.

- 92% degli studenti ha affermato di aver visitato il sito web almeno una volta;

- 75% ha detto di aver utilizzato gli strumenti a disposizione per completare le ore di didattica frontale;

- 83% degli intervistati ritiene che sarebbe utile utilizzare una piattaforma come quella messa a disposizione in questo corso per completare il normale studio scolastico;

- 75% ha apprezzato la simulazione di una gara condotta tramite la consegna online degli elaborati e la quasi totalità di essi ripeterebbe l'esperienza il prossimo anno.

Questi dati, anche se raccolti su un campione limitato di studenti, evidenziano il successo di questa iniziativa e l'interesse mostrato dagli studenti.

Questo ci hanno incoraggiato a continuare lo sviluppo di tool didattici, sperimentandoli con questo approccio, e ci ha dato informazioni preziose per gli sviluppi successivi.

LABORATORIO DI PROGRAMMAZIONE 2

Il sistema presentato in questa tesi potrebbe sembrare inutile in ambito universitario in quanto destinato ad un target scolasticamente inferiore, ma ciò viene confutato da una ricerca che ha coinvolto 63 università di tutto il mondo. Il risultato infatti è abbastanza sorprendente: il 33% degli studenti viene bocciato all'esame introduttivo di programmazione, e quindi solo 2 studenti su 3 vengono promossi[3].

Questo risultato ci ha portato ad analizzare i dati storici dell'esame di laboratorio di programmazione 2, partendo dal 2006 fino ad oggi, e verificando la percentuale degli studenti bocciati, considerando l'esame superato solo nel caso in cui lo studente abbia riportato una valutazione maggiore o uguale a 18 nella prova scritta, senza quindi tener conto di prove parziali, progetti e prove orali.

Il processo di data mining ha avuto come risultato i dati riportati nella tabella seguente:

DATA ESAME	PRESENTI	CONSEGNATI	PROMOSSI	% BOCCIATI
28/06/2006	35	35	15	57,14%
11/09/2006	8	8	3	62,50%
11/12/2006	4	4	1	75,00%
20/03/2007	3	3	2	33,33%
15/06/2007	34	25	5	85,29%
19/06/2007	31	31	8	74,19%
17/09/2007	17	17	3	82,35%

21/01/2008	11	8	2	81,82%
05/02/2008	13	13	2	84,62%
24/04/2008	39	39	5	87,18%
26/06/2008	10	10	4	60,00%
14/07/2008	25	25	6	76,00%
10/09/2008	28	14	3	89,29%
21/11/2008	12	12	3	75,00%
21/01/2009	19	17	4	78,95%
04/02/2009	18	6	0	100,00%
26/06/2009	36	25	3	91,67%
06/07/2009	32	25	1	96,88%
14/07/2009	34	28	0	100,00%
02/09/2009	20	16	0	100,00%
18/08/2009	24	18	0	100,00%
29/09/2009	11	11	0	100,00%
09/12/2009	12	6	1	91,67%
10/02/2010	17	11	0	100,00%
24/02/2010	16	15	0	100,00%
07/05/2010	5	4	0	100,00%
07/05/2010	58	42	18	68,97%
30/06/2010	19	11	4	78,95%
15/07/2010	1	1	0	100,00%
15/07/2010	16	16	0	100,00%
01/09/2010	17	17	4	76,47%
22/09/2010	20	16	1	95,00%
24/11/2010	9	9	1	88,89%
04/02/2011	14	11	2	85,71%
25/02/2011	19	11	3	84,21%
04/05/2011	30	30	14	53,33%
28/06/2011	14	14	6	57,14%
15/07/2011	19	18	9	52,63%

05/09/2011	12	10	3	75,00%
20/09/2011	14	11	2	85,71%
23/11/2011	6	2	0	100,00%
02/02/2012	18	14	9	50,00%
23/02/2012	16	13	8	50,00%
TOTALE	816	672	155	**81,00%**

Per meglio interpretare tali risultati, i dati in nostro possesso sono stati riportati in Fig. 20 sotto forma di grafico, dove la linea rossa orizzontale rappresenta la media mondiale del 33% citata in precedenza.

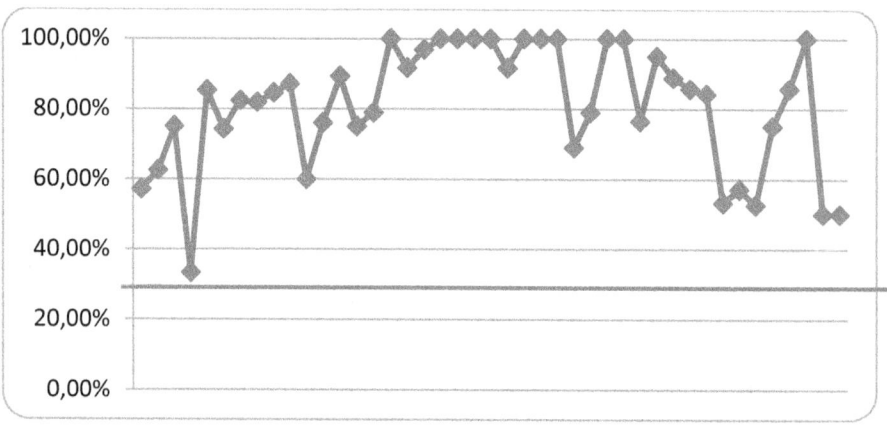

Figura 20: Percentuale delle bocciature dell'esame di Laboratorio di Programmazione 2 dal 2006 ad oggi

Come possiamo vedere dalla tabella e dalla Fig. 20, la percentuale degli studenti bocciati, che talvolta arriva anche a toccare il 100%, è di gran lunga superiore al 33% riscontrato dalla ricerca mondiale. Questo avalla la nostra tesi che un tool di supporto didattico alla programmazione non è fuori luogo in ambito universitario, ed anzi può essere un valido strumento a supporto degli studenti.

Si è quindi deciso di mettere a disposizione questo sistema agli studenti del corso di Laboratorio di programmazione 2, al fine di verificare i benefici forniti dalle singole features del tool, attraverso una valutazione delle prestazioni degli studenti rispetto agli anni precedenti in cui il sistema non era disponibile.

Essendo il corso iniziato nel mese di Marzo, ad oggi non è possibile fare alcuna considerazione, ma nei mesi seguenti le valutazioni ed i successivi adeguamenti del sistema saranno basati sui risultati degli esami rispetto agli anni precedenti, su un questionario consegnato agli studenti alla fine del corso e sull'analisi dell'utilizzo del sistema.

BIBLIOGRAFIA

[1] Bachelard, G. (1977). La formulation de l'esprit scientifique. Paris: Vrin.

[2] Barbieri, A. and Bizzarri, G. and Forlizzi, L. (2011), Gruppi dinamici e compilazione on-line. In: Baldoni, M. and Baroglio, C. and Coriasco, S. and Marchisio, M. and Rabellino, S. E-learning con Moodle in Italia: una sfida tra passato, presente e futuro (pp 183–194). Torino: Seneca Edizioni.

[3] Bennedsen J. and Caspersen M. E. (2007). Failure rates in introductory programming

[4] Bylander, T. and Chandrasekaran, B. (1987). Generic tasks for knowledge-based reasoning: the "right" level of abstraction for knowledge acquisition. International Journal of Man-Machine Studies, 26(2), 231–243.

[5] List of bugs found by Cppcheck: http://bit.ly/s6RQoH

[6] International Olympiad in Informatics site home page: http://ioinformatics.org

[7] Longo, G. O. (2009). Nascere digitali. Verso un mutamento antropologico?, Mondo digitale, 32, 3-20.

[8] Lord, G. and Lomicka, L. (2008). Blended learning in teacher education: An investigation of classroom community across media. Contemporary Issues in Technology and Teacher Education, 8(2).

[9] Magnus Ågren (2009). Static Code Analysis For Embedded Systems. Göteborg, Sweden.

[10] Members of Etics2 (2010). Dissemination and use of knowledge plan .

[11] Prensky, M. (2001) Digital Natives, Digital Immigrants On the Horizon, 9(5), 1-6

[12] Ricci, F. (2010) Sistema centralizzato di compilazione e testing online su di una piattaforma e-learning

[13] Rößling, G. and Crescenzi, P. and Ihantola, P. and McNally, M. and Radenski, A. and Sànchez-Torrubia, M. G. (2010). Adapting Moodle to Better Support CS Education. Proceedings of the 2010 ITiCSE working group reports, 15-27.

[14] Rovai, A. P. and Jordan, H. M. (2004). Blended learning and sense of community: A comparative analysis with traditional and fully online graduate courses. The International Review of Research in Open and Distance Learning, 5(2).

[15] Siti registrati Moodle: http://moodle.org/sites/

[16] Statistiche utilizzo Moodle: http://moodle.org/stats

[17] Verhoeff, T., (2006) The IOI is (not) a science olympiad. Informatics in Education 5(1), 147-159.

www.ingramcontent.com/pod-product-compliance
Lightning Source LLC
Chambersburg PA
CBHW070427180526
45158CB00017B/906